Berlitz

Vorsicht Französisch!

Heiße Flirts & coole Abfuhren

München • New York • Singapur

Berlitz Vorsicht Französisch! – Heiße Flirts & coole Abfuhren

Herausgegeben von der Berlitz-Redaktion
Verfasser: Anne-Claire Paumard, Eve-Alice Roustang-Stoller
Übersetzer: Gudrun Pradier, Marion Netzlaff
Illustrationen: Kyle Webster, Amy Zaleski
Layout: Jürgen Bartz
Projektleitung: Eva Betz

Berlitz Publishing
Mies-van-der-Rohe-Straße 1
D-80807 München

Satz: Franzis print & media GmbH, München
Printed in Germany
ISBN-13: 978-3-468-79156-7
ISBN-10: 3-468-79156-9

Inhalt

Warm-up

Du suchst in Frankreich einen heißen Urlaubsflirt oder willst dir schlechte Anmachen vom Hals halten? Vergiss Schulgrammatik und Lehrbuchsätze und „Voulez-vous couchez avec moi?" – in *Berlitz Vorsicht Französisch! – Heiße Flirts & coole Abfuhren* findest du die Sprache, mit der dich die Franzosen wirklich ernst nehmen!

Was du wissen solltest ...

Ein bisschen Französisch solltest du schon können. Die meisten Ausdrücke kannst du für Boys und für Girls benutzen. Wenn´s doch mal komplizierter wird, ist der Spruch markiert.

♂ bedeutet, das Wort oder den Satz kannst du nur zu oder über Jungs sagen.

♀ heißt, du solltest nur Mädels so ansprechen bzw. so über sie sprechen.

Vorsicht!

Damit du dir beim heißen Flirten nicht den Mund verbrennst oder dir für eine extracoole Abfuhr eine fängst, sind die schärfsten Sprüche gekennzeichnet.

! Vulgärer oder gewagter Ausdruck!

Total vulgär oder gewagt. Achtung, diese Meldung könnte auch fett nach hinten losgehen!

Du hast es hier mit dem Französisch zu tun, das man wirklich spricht, deshalb geben wir dir eine möglichst genaue deutsche Übersetzung. So kannst du sehen, wann ein Ausdruck oder ein Spruch wirklich angebracht ist und wann voll daneben.

Außerdem wirst du auf diese Zeichen stoßen:

Unzensiert Echt vulgär oder anstößig

FACTS Coole Facts – kaum zu glauben, aber wahr

Für Insider Insidertipps

Zu guter Letzt

Sprache verändert sich ständig. Was heute in ist, kann morgen schon out sein. Wenn du in diesem Buch also etwas liest, was absolut von gestern ist, oder wenn du ein cooles Wort kennst, das wir vergessen haben – schreib uns eine Mail an **redaktion@berlitzpublishing.de**.

Nicht umsonst steht auf dem Cover „Unzensierte Ausgabe"! Bewahre dieses Buch für Eltern, Lehrer und potenzielle französische Schwiegermamas unzugänglich auf! Risiken und Nebenwirkungen beim Gebrauch der Ausdrücke kann der Verlag nicht ausschließen.

1 Anmachen und Abwimmeln

- *Flirt-Sprüche für jede Gelegenheit*
- *Süße Komplimente für Fortgeschrittene*
- *Coole Abfuhren: Wie du nervige Typen und Tussen wieder loswerden kannst!*

Erste Worte

1

Du beobachtest den Typen oder das Mädel schon eine ganze Weile und findest sie oder ihn unheimlich süß ... Lass dir den Flirt deines Lebens nicht entgehen und versuch's mal mit den folgenden Sprüchen:

Vous voulez vous asseoir? ♀
Wollen Sie sich setzen?
Wirkt Wunder in einer Bar oder in der U-Bahn. Aber bitte das Mädel nicht glauben lassen, dass du denkst, sie sei schwanger!

Moi, c'est Jérôme et toi?
Ich bin Jérôme, und du?
Sag's mit einem unschuldigen Blick ... dann kann er oder sie dich gar nicht abblitzen lassen!

T'as pas une clope/nuit-grave/garet'ci/peclo/tige?
Hast du 'ne Kippe?
„Garet'ci" ist Verlan für „cigarette", „peclo" für „clope".

On s'est déjà vus quelque part, non?
Wir haben uns doch schon mal gesehen, oder?
Der Klassiker ... aber wer weiß, vielleicht funktioniert's.

1

FACTS Französische Teenies aus den Vororten von Paris haben das Verlan erfunden – eine Art französischen Slang –, um die Uncoolen zu verwirren. Im Verlan wird die Reihenfolge der Silben und Buchstaben eines „normalen" Wortes verändert. So wird z. B. „femme" zu „meuf". Statt die Regeln zu erklären, haben wir die besten Beispiele in dieses Buch aufgenommen. Manche Jugendliche sprechen fast ganz auf Verlan. Das verstehen dann nur Insider. Die meisten aber verwenden nur einige Wörter, die du notfalls erraten kannst.

On se connaît ?
Kennen wir uns?

T'es pas un ami / une amie de Caroline ?
Bist du nicht ein Freund/eine Freundin von Caroline?

On s'est pas déjà rencontrés dans une soirée ?
Haben wir uns nicht schon mal bei 'ner Party gesehen?

Salut poupée. ♀
Hi Süße.
Könnte auch nach hinten losgehen ...

C'est moi que tu regardes?
Schaust du mich an?
... oder etwa den Typen/die Tussi hinter mir?

J'te plais?
Gefall ich dir?

J'te trouve cool.
Ich find dich cool.

Tu habites chez tes parents?
Wohnst du bei deinen Eltern?
Die klassische Frage ... Wenn er oder sie bei den Eltern wohnt, muss man eine andere Lösung finden, um sich alleine zu treffen. Kann also auch heißen, dass man sie oder ihn verführen möchte ...

Est-ce que tu baises?
Willst du vögeln?
Hier geht's direkt zur Sache ... was aber nicht heißt, dass der Spruch immer funktioniert!

1 Flirten überall

Ein süßes Girl oder einen coolen Typen kann man überall treffen. Dumm, wenn man gerade dann auf den Mund gefallen ist. Aber keine Sorge: Hier findest du die richtigen Anmachen für jede Situation.

Im Lieblingscafé oder in der Stammkneipe

Du trinkst wie jeden Abend noch ein Bierchen, und auf einmal kommt er oder sie zur Tür herein? Dann versuch's doch mal damit:

Tu viens souvent ici ?
Kommst du oft hierher?
Auch Klassiker erfüllen ihren Zweck …

C'est la première fois que tu viens ici ?
Bist du zum ersten Mal hier?

C'est sympa comme endroit, non ?
Hat Style hier, oder?

Tu es venu(e) toute seule ?
Bist du allein hier?
Check gleich mal ab, ob der Freund oder die Freundin am Nebentisch wartet …

Où sont les chiottes ? !
Wo ist das Klo?
Nicht gerade romantisch … aber wer's mag.

Je peux m'asseoir ici ?
Kann ich mich hierhin setzen?

Je t'offre un verre ?
Kann ich dir 'nen Drink ausgeben?

Tu prends un dernier verre pour la route ?
Trinkst du noch 'nen Absacker, bevor du gehst?

Laisse, je t'invite. ♀
Lass ruhig, ich lad dich ein.
Wenn das Mädchen zahlen will: Sei ein Gentleman!

J'te raccompagne ? ♀
Soll ich dich nach Hause begleiten?

Für Insider In einigen französischen Cafés und Kneipen gibt es Events für Singles, auf denen man seine große Liebe finden kann (auch für Homosexuelle). Das Ganze heißt „rencontre rapide" oder wie im Englischen „speed-dating" (Wörtl.: Schnell-Rendezvous). Damit Trefferquote und Flirtfaktor auch wirklich hoch sind, spricht man mit möglichst vielen anderen Singles nur ein paar Minuten – und entscheidet sich hinterher für den Besten oder die Beste. Es gilt also, sich in ganz kurzer Zeit von seiner absoluten Schokoladenseite zu zeigen.

Tu m'file ton number?
Gibst du mir deine Nummer?
„Number" klingt cooler als „numéro".

C'est quoi ton téléphone?
Wie ist deine Nummer? (Wörtl.: Was ist dein Telefon?)
Keinen Bock, deine Nummer herzugeben? Dann sag einfach: „Un Nokia™". (Wörtl.: Was ist dein Telefon? Ein Nokia™.)

J'ai encore rien bu, mais je suis déjà ivre de toi.
Eigentlich bin ich noch nüchtern, aber du machst mich ganz trunken.
(Wörtl.: Ich hab zwar noch nichts getrunken, bin aber schon betrunken von dir.)

Auf dem Dancefloor 1

Wenn hier nichts läuft, wo dann? Schon ein Opfer gefunden? Dann versuch's mal mit folgenden Anmachen:

On danse?
Tanzen wir?
Auf der engen Tanzfläche kommt ihr euch dann wie von selbst näher ...

T'aimes cette musique?
Magst du die Musik?

Il est cool le DJ, hein? C'est un pote à moi.
Der DJ ist cool, 'ne? Ist ein Kumpel von mir.

C'est trop bruyant, on sort?
Es ist superlaut hier, sollen wir mal rausgehen?
Man kann den Lärm auch als Vorwand nehmen, um sich ihm oder ihr ans Ohr zu hängen. Knabbern ist aber verboten!

On va chez toi ou chez moi?
Gehen wir zu dir oder zu mir?
Ein Klassiker. In Frankreich macht man ein Wortspiel daraus und sagt: „On mange chez toi ou chinois?" (Wörtl.: Essen wir bei dir oder chinesisch?), denn „chez moi" und „chinois" klingen ziemlich ähnlich.

1 Heißer Flirt am Strand

Sommer, Sonne, Strand … mit den Temperaturen steigen die Gefühle!

Tu viens d'où? Moi, je suis de Berlin.
Woher kommst du? Ich bin aus Berlin.
Komm erst mal harmlos ins Gespräch …

Tu loges dans quel hôtel?
In welchem Hotel wohnst du denn?

Tu veux jouer au beach volley avec nous?
Willst du mit uns Beachvolleyball spielen?

Tu peux me renvoyer le frisbee, s'il te plaît?
Kannst du die Frisbee zu mir zurückwerfen?
Natürlich musst du sie vorher gaaanz zufällig zu ihm oder ihr hinsegeln lassen … Da ist Treffsicherheit gefragt!

J'adore le surf, je t'apprendrai si tu veux.
Ich surfe supergern. Wenn du willst, bring ich's dir bei.

T'es bien bronzé(e).
Du bist ganz schön braun.

Elle est bonne, tu viens te baigner?
Das Wasser ist ganz warm, kommst du auch baden?
Für Nichtschwimmer ungeeignet!

Tu veux que je t'étale de la crème solaire dans le dos ?
Soll ich dir den Rücken mit Sonnenmilch eincremen?
Aber bitte schön sanft, damit er oder sie gleich Lust auf mehr bekommt ...

Sport ist ... Flirt!

Nichts ist heißer als ein durchtrainierter Körper. Gib alles bei diesen Anmachen!

Tu t'entraînes souvent ici ?
Trainierst du oft hier?
Brich ganz harmlos das Eis ... und stell gleichzeitig sicher, dass er oder sie auch wiederkommt!

T'as un corps d'athlète !
Du bist total durchtrainiert!

T'es super musclé(e) !
Du hast echt Muckis!

Tu cours vachement vite !
Du läufst echt schnell!
Du kannst auch neben einem Mädchen oder Typen herjoggen, um sie oder ihn anzusprechen ... aber nur, wenn ihr im gleichen Rhythmus lauft!

1

Tu roules drôlement vite !
Du fährst echt superschnell!
Wenn er oder sie mit dem Fahrrad oder den Inliners fährt.

Il manque une personne dans notre équipe de basket, tu viens jouer ?
In unserer Basketballmannschaft fehlt ein Spieler/eine Spielerin. Möchtest du mitmachen?

C'est super ce que tu viens de faire, tu m'apprends ?
Das war super, was du gerade gemacht hast. Bringst du mir das auch bei?

On va prendre un verre après ?
Trinken wir danach was?

Das Glück liegt ...

... auf der Straße. Man muss nicht immer an ungewöhnliche Orte gehen, um jemanden kennen zu lernen. Manchmal genügt es, auf der Straße die Augen offen zu halten! So kannst du ihn oder sie ansprechen ...

Je cherche le boulevard Foch, vous pouvez m'aider?
Ich suche den Boulevard Foch. Können Sie mir vielleicht weiterhelfen?
Die unverfängliche Art ... auch für Schüchterne geeignet!

Für Insider Der erste Schritt bleibt Männersache: Meistens sind es Mädchen, die auf der Straße angesprochen werden, umgekehrt kommt das selten vor. Im Bekanntenkreis können sich zwar auch die Mädchen mal ein Herz fassen, aber eigentlich sind es die Jungs, die zuerst baggern. Auch wenn man als Paar im Restaurant essen geht, zahlt meistens der Mann – vor allem in schicken Restaurants gibt der Kellner einfach IHM direkt die Rechnung.

1

Pardon, tu sais où est la poste?
Entschuldigung, weißt du, wo die Post ist?

Vous connaissez le quartier, je suis perdu(e)?
Kennen Sie sich hier im Viertel aus? Ich hab mich verlaufen.

Vous avez l'air perdu(e), je peux vous aider?
Sie sehen so aus, als ob Sie sich verlaufen hätten. Kann ich Ihnen vielleicht weiterhelfen?
Spiel den Gentleman oder die ganz besonders Hilfsbereite ...

Excuse-moi, tu connais un endroit sympa où prendre un verre dans le coin?
Entschuldigung, weißt du, wo man hier in der Gegend nett was trinken kann?
... und kommst du auch gleich mit?

Je suis photographe de mode, tu voudrais participer à un casting?
Ich bin Modefotograf. Hast du Lust, bei einem Casting mitzumachen?
Das schmeichelt natürlich jedem Ego, vor allem wenn es sich um ein Mädchen handelt!

Der Zug ist nie abgefahren! Stell einfach viele Fragen. Dein Gegenüber muss dir schließlich antworten!

Je peux passer avec toi ? J'ai pas de ticket.
Kann ich mit dir durch die Schranke? Ich hab keine Fahrkarte.
So kannst du ihm oder ihr gleich ein bisschen näher kommen ...

Est-ce que tu as vu des contrôleurs ?
Hast du Kontrolleure gesehen?

S'il te plaît, je dois prendre quelle ligne pour aller au parc de la Tête d'or ?
Entschuldigung, welche Linie muss ich nehmen, um zum Park „Tête d'or" zu kommen?
Sehr harmlos ... aber auch ein Anfang!

On doit prendre quelle correspondance pour aller à la Gare du Nord ?
Wo muss ich umsteigen, um zum Gare du Nord/Nordbahnhof zu kommen?

Il est à quelle heure le dernier métro ?
Wann kommt die letzte U-Bahn?

Vous descendez ici ? Moi, aussi ...
Steigen Sie hier aus? Ich auch ...

1 Heiße Rhythmen ...

... heiße Flirts! Die Kulturszene in französischen Städten bietet ein super Programm für jeden Geschmack. Nimm deinen Flirt zu deiner Lieblingsgruppe mit oder finde ihn dort!

Trop top, ce groupe !
Diese Gruppe ist echt geil!

On va en boîte avec des potes après, tu viens ?
Wir geh'n danach mit ein paar Kumpels in die Disse, kommst du mit?

Tu fais quoi après ?
Was machst du danach?

J'me fais chier, on va ailleurs ?
Das ist zum Kotzen langweilig hier, lass uns woanders hingehen.

La musique m'explose les oreilles, on s'en va ?
Ist ja arschlaut hier, geh'n wir? (Wörtl.: Die Musik lässt meine Ohren explodieren, ...)

Tu aimes ce concert ?
Gefällt dir das Konzert?

Echt schlechter Abend? So kannst du deinen Frust ablassen und antworten:

Non, c'est …	Nein, es ist …
de la merde.	scheiße.
à chier.	beschissen.
chiant/barbant/ rasoir.	zum Kotzen langweilig/ superöde. „Barbant" kommt von „barbe", was eigentlich „Bart" heißt. „Rasoir" bedeutet „Rasierer".
minable.	erbärmlich.
craignos.	superarm. „Craignos" kommt von „craindre", das wörtlich „etw. oder jdn. fürchten" bedeutet.

Du findest es super? Dann bring deine Begeisterung so zum Ausdruck …

Oui, ils sont …	Ja, die sind …
excellents.	total geil.
très bons.	supergut.
géants.	echt Wahnsinn. (Wörtl.: Riesen)
cool.	cool.

1 Klassenzimmer-Flirts

Seit Wochen starrst du einem super Girl oder einem süßen Typen hinterher? Sprich ihn oder sie doch einfach mal an …

Salut, t'es en quelle classe ?
Hey, in welcher Klasse bist du eigentlich?

T'as qui comme prof d'anglais ?
Wen hast du in Englisch?

On se retrouve à la récré ?
Treffen wir uns in der Pause?
„Récré" ist die Abkürzung für „récréation".

Je sèche pour les exos de maths, tu peux m'aider ?
Ich raff die Matheaufgaben nicht. Kannst du mir helfen? (Wörtl.: Ich trockne für die Matheaufgaben, …)
„Exos" ist die Kurzform für „exercices".

Mets-toi à côté de moi pour le contrôle, j'ai des anti-sèches.
Setz dich in der Arbeit neben mich. Ich hab 'nen Spicker (Wörtl.: Ich hab Anti-Trockner.).

Je peux t'aider à gruger.
Ich kann dir beim Spicken helfen.
Aber lasst euch nicht erwischen …

C'est quoi la réponse à l'exo 2?
Was ist die Antwort auf Aufgabe 2?

Sans déc(onner), t'es une bête, toi, en français.
Ohne Scheiß: Du bist in Franz hammergut (Wörtl.: Du bist in Französisch ein Tier.).
Ein bisschen Schmeichelei wirkt immer ...

On sèche le cours de SVT?
Machen wir SVT blau? (Wörtl.: Trocknen wir SVT?)
SVT ist die Abkürzung für „Sciences de la vie et de la terre" und entspricht einem Gemisch aus Biologie- und Geologie-Unterricht.

J'te garde une place à côté de moi en philo.
Ich halte dir in Philo 'nen Platz neben mir frei.
Französische Schüler lieben es, die Namen ihrer Fächer abzukürzen. Meistens wird das Wortende weggelassen: philo(sophie), géo(logie), maths (mathématiques).

Je vais au self, tu viens?
Ich geh in die Schulkantine, kommst du mit?
Noch mehr Abkürzungen: Statt dem langen „restaurant self-service" sagt man schlicht und einfach „le self"!

Tu viens faire tes devoirs chez moi ?
Kommst du zu mir, Hausaufgaben machen?

T'as du taf, toi ?
Hast du was auf?
Mit „taf" sind hier die Hausaufgaben gemeint.

An der Uni – Flirtpraxis statt Theorie

Studieren und feiern schließen sich nicht aus … im Gegenteil! Die Uni ist ein super Ort zum Flirten!

Tu peux me filer tes cours d'éco ?
Kannst du mir deine VWL-Mitschriften geben?
„Éco" ist die Abkürzung von „économie".

Si t'as pas lu toute la biblio, j'te passe mes petites fiches.
Also, wenn du nicht alles aus der Bibliographie gelesen hast, leih ich dir meine Notizen.
Die perfekte Ausrede für ein weiteres Treffen … denn schließlich willst du sie ja zurückhaben.

Tu peux m'aider avec la trad' d'anglais ?
Kannst du mir bei der Englischübersetzung helfen?
„Trad'" ist die Abkürzung für „traduction".

T'habites à la Cité U ?
Wohnst du im Studiwohnheim?
„Cité U" ist die Kurzform für „Cité Universitaire".

On se met ensemble pour faire l'exposé ?
Machen wir das Referat zusammen?
Und vielleicht noch ein paar andere Sachen ...

Je n'ai rien compris au cours d'algèbre, tu viens chez moi m'expliquer ?
Ich hab im Algebrakurs echt nichts verstanden. Kommst du nachher zu mir und erklärst mir alles?
Wenn ihr dann erst mal bei dir seid, ist Algebra vielleicht gar nicht mehr so wichtig ...

Tu veux bien me faire réviser pour ma colle ?
Wiederholst du mit mir den Stoff für die mündliche Prüfung?
Gemeinsam lernen und flirten macht mehr Spaß!

FACTS Die „colles" sind regelmäßig stattfindende mündliche Prüfungen (z. B. einmal pro Woche) an den so genannten CPGE (Classes Préparatoires aux Grandes Écoles), die die Studenten auf die mündliche Aufnahmeprüfung für die „Grandes Ecoles", die

Elite-Unis in Frankreich, vorbereiten. Wenn man an so einer Vorbereitungsschule studiert, bleibt nicht viel Zeit zum Ausgehen, das heißt Lernzeit wird hier zur Flirtzeit …

Je vais à la BU, tu m'accompagnes?
Ich geh in die Uni-Bib. Kommst du mit?
BU ist die Abkürzung für „Bibliothèque Universitaire".

Je connais un bar sympa, tu veux y aller après le TD de civi?
Ich kenn da 'ne nette Bar, willst du nach der Landeskunde-Übung mit mir hingehen?
TD ist die Kurzform für „travaux dirigés" und ist so was Ähnliches wie die Übungen zu Univorlesungen.

Tu veux qu'on se retrouve dimanche à la BPI pour faire les devoirs de maths?
Hast du Lust, dich am Sonntag mit mir in der BPI zu treffen, um die Matheaufgaben zu machen?
BPI ist die Kurzform von „Bibliothèque Publique d'Information", die große öffentliche Bibliothek im Centre Georges Pompidou in Paris.

Tu veux aller à Sainte-Geneviève avec moi ?
Willst du mit mir in die Bibliothek von Sainte-Geneviève gehen?
Das ist eine große Bibliothek im V. Arrondissement von Paris.

Où se trouve le BdE ?
Wo ist das BdE?
BdE steht für „bureau des élèves" und entspricht ungefähr dem ASTA an deutschen Unis.

Tu me montres la cafèt' ?
Zeigst du mir die Cafete?
Sehr wichtig für Studenten: Die „cafétéria" wird kurz „cafèt" genannt.

Il me reste une place pour le Gala de l'X jeudi prochain, tu veux venir avec moi et mes potes ?
Ich hab noch 'ne Karte für die Party der X nächsten Donnerstag. Willst du mit mir und meinen Freunden hingehen?
L'X ist die Kurzform für die Pariser Elite-Uni „École Polytechnique".

FACTS In und um Paris werden jede Woche Studentenpartys veranstaltet, auch mehrere in einer Woche. Die so genannten „Galas" der „Grandes écoles d'ingénieur et de commerce" sind riesige Partys, die die ganze Nacht dauern. Sie finden normalerweise in den Hörsälen der Uni selbst statt, das heißt: Musik satt für jeden Geschmack! Manchmal gibt es sogar zehn verschiedene Dancefloors.

Je vais essayer le club de rock ce soir, tu viens avec moi ?
Ich probier heute mal den Rockclub aus, kommst du mit?

Büroflirt gefällig?

Fast die Hälfte aller Paare lernt sich bei der Arbeit kennen. Hier ein paar alte und neue Sprüche, mit denen du mit deiner Kollegin oder deinem Kollegen ins Gespräch kommst.

Vous pouvez passer dans mon bureau tout à l'heure ?
Könnten Sie nachher in mein Büro kommen?

Tu termines à quelle heure ce soir?
Bis wann bleibst du heute Abend?
Bestimmt musst du gaaanz zufällig zur gleichen Zeit gehen ...

Tu veux faire une pause café?/Tu veux prendre un café?
Möchtest du eine Kaffeepause machen?/Möchtest du einen Kaffee?

Je passe te chercher ce soir, on rentre ensemble.
Ich komm dich heute Abend abholen, wir können ja dann zusammen nach Hause fahren.

On va prendre un verre après le travail?
Trinken wir nach der Arbeit was?
Ein bisschen Mut gehört dazu ...

Tu bosses encore?
Schuftest du noch?

Vous pouvez m'aider à préparer ce dossier?
Könnten Sie mir helfen, die Akte vorzubereiten?

Vous prenez le métro? Moi aussi. On rentre ensemble?
Nehmen Sie die U-Bahn? Ich auch. Fahren wir zusammen?

Le patron / chef est de mauvais poil aujourd'hui, vous ne trouvez pas ?
Der Chef ist heute schlecht drauf, finden Sie nicht auch? (Wörtl.: Der Chef ist heute aus schlechtem Haar, finden Sie nicht?)
Gemeinsam lästern verbindet ...

Je suis content(e) d'aller à ce séminaire avec vous, ça nous donnera l'occasion de mieux nous connaître / j'ai toujours rêvé de mieux vous connaître.
Ich freue mich, mit Ihnen auf dieses Seminar zu gehen. So haben wir Gelegenheit, uns besser kennen zu lernen./Ich wollte Sie schon immer besser kennen lernen.

Schräge, dämliche und romantische Anmachsprüche

Hier ein paar etwas abgefahrenere und gefühlvollere Sprüche für die Mutigen unter euch ... Aber übertreibt es lieber nicht, sonst geht die Sache noch nach hinten los ...

Tu es mannequin ?
Bist du Model?
Kleine Schmeicheleien wirken Wunder!

Tu as un beau prénom.
Du hast einen schönen Vornamen.

Tu as déjà un copain ? Pas grave, ch'uis pas jaloux. ♀
Hast du schon einen Freund? Macht nix,
ich bin nicht eifersüchtig.
Gut zu wissen, aber die Frage ist doch:
Ist vielleicht der Freund eifersüchtig?

Für Insider

Sprüche für wahre Romantiker:

Tu es belle comme le jour. ♀
Du bist schön wie der Tag.
Sag's besser nicht an einem kalten Regentag ...

Tu es mon rayon de soleil.
Du bist mein Sonnenschein.

Je ne savais pas que les anges venaient de Bretagne. ♀
Ich wusste nicht, dass die Engel aus der Bretagne kommen.
Setz den Herkunftsort deines Flirts ein!

Tu as mis du soleil dans ma journée.
Du hast die Sonne in meinen Alltag gebracht.
Hoffentlich geht sie nicht unter …

Tu m'as redonné le goût de vivre.
Du hast mir den Geschmack am Leben wiedergegeben.
Nur für Depressive …

Ma vie n'avait pas de sens avant que je te rencontre.
Bevor ich dich traf, hatte mein Leben keinen Sinn.
Klingt auch nicht gerade nach Optimismus pur …

Von schüchtern bis scharf – Komplimente für Sie und Ihn

Der eine mag's süß, der andere heiß – hier ein paar Sprüche für Charmeure jeden Typs …

Für Romantiker:

Tu es mignon / mignonne.
Du bist süß.
Lieb.

T'as de beaux yeux.
Du hast schöne Augen.

Tu as des yeux de velours.
Du hast samtige Augen.
Der Teddybär-Typ.

Tu as la peau douce.
Du hast so zarte Haut.
Zum Dahinschmelzen ...

Tu as de beaux cheveux.
Du hast schöne Haare.

J'adore tes veuch.
Ich mag dein Haar.
„Veuch" ist Verlan für „cheveux".

Tu es mon prince charmant. ♂
Du bist mein Märchenprinz.
Und wenn sie nicht gestorben sind ...

T'es trop beau/belle.
Du siehst echt super aus.

T'as une silhouette parfaite.
Du hast 'ne perfekte Figur.

Tu es une tête.
Du hast echt Köpfchen. (Wörtl.: Du bist ein Kopf.)

1

Manche mögen's etwas heißer …

T'es trop sexy.
Du bist echt sexy.

Tu as un torse viril. ♂
Du hast echt 'nen männlichen Oberkörper.
Vorsicht Nebenwirkung: Als Reaktion ist eine stolzgeschwellte Brust nicht auszuschließen!

Tu es canon.
Du siehst umwerfend aus. (Wörtl.: Du bist eine (Schönheits-)Kanone.)

Comment se fait-il que tu sois célibataire, il n'y a pas assez de garçons / filles sur terre ?
Wie kommt es, dass du noch solo bist? Gibt es nicht genug Männer/Frauen auf der Erde?
So bringst du rüber, dass er oder sie jede/jeden haben könnte, wenn er oder sie denn endlich mal wollte …

J'aime tes lèvres pulpeuses.
Ich liebe deine vollen Lippen.

Achtung! Hier geht's richtig ab …

Tu soutiens bien ce que tu avances. ♀ !
Du hast zwei positive Argumente. (Wörtl.: Das, was du vorbringst, vertrittst du gut.)
Vertritt sie nur ihre Meinung … oder hat sie einen großen Busen?

Tu as un joli cul ! !
Du hast einen geilen Hintern.
Das kommt wohl eher bei den Jungs an …

Tu me fais bander.
Du machst mir 'nen Ständer.

Anmachsprüche fürs Handy

Auch für Schüchterne geeignet! Wenn du dich nicht traust, es ihm oder ihr persönlich zu sagen, schick doch einfach ein kurzes „texto" (SMS) …

jt'M [Je t'aime.]
Ich liebe dich.

tle +bo [T'es le plus beau.]
Du siehst echt super aus.

t Knon [T'es canon.]
Du bist echt stark.

bizz [Bisou]
Bussi./Küsschen.

Für Insider SMS und Chat in Frankreich? Kein Problem, hier erklären wir dir einige Regeln: Du zahlst bei einer SMS für jedes Zeichen, das heißt, schreib so wenig wie möglich und so viel wie nötig. Im Chat dagegen zählt nicht jedes Zeichen, sondern die Geschwindigkeit, mit der du dich in ein Gespräch einklinkst. Die Sprachen, die du für SMS und für den Chat verwendest, unterscheiden sich also leicht voneinander.
Der Punkt (.) zum Beispiel wird im Internet durch drei Leerzeichen ersetzt. So schreibst du schneller. Sowieso benutzt du nur sehr wenige Satzzeichen. Bei der SMS allerdings bleibt ein Punkt ein Punkt. Beim Chat behältst du nur die Akzente, die wichtig fürs Verständnis sind (z. B. „dû" wird zu „du").

„Ph“ wird bei der SMS zu „f“, da ja beides gleich ausgesprochen wird (z. B. „photo“ wird zu „foto“). Außerdem werden Großbuchstaben wie die Buchstaben des Alphabets ausgesprochen (z. B. wird V wie „Vé“ ausgesprochen). Der Rest wird klein geschrieben. Vielleicht wäre DAS ja eine neue Rechtschreibreform!

---

slt sa va? le taf pa tro dur? sa te dirai 2 paC 1WE av moi? biz [Salut, ça va? Le taffe n'est pas trop dur? Ça te dirait de passer un week-end avec moi? Bisous.]

Hi, alles klar? Ist die Arbeit auch nicht zu hart? Hast du Lust, das Wochenende mit mir zu verbringen? Küsschen.

Das lässt sich so interpretieren: Der erste Satz ist nur Höflichkeit, der zweite der Vorwand für die SMS, und nur auf den dritten kommt es an, denn den kann man auch so verstehen: „Willst du mit mir schlafen?“. „Bisous“ ist liebevoll gemeint. Hmmm …

1 Der Cyber-Flirt

Chatten ist eine super Möglichkeit, neue Leute kennen zu lernen. Versuch's doch mal so:

Est-ce qu'il y a un mec mignon / une fille mignonne sur le chat en ce moment?
Ist hier gerade ein süßer Typ/ein süßes Girl im Chatroom?
„Chat" wird „tschat" ausgesprochen und nicht „scha". Das wird zwar genauso geschrieben, heißt aber „Katze".

Aidez-moi, je n'arrive pas à me connecter sur le chat.
Helft mir mal, ich komm nicht in den Chatroom rein.
Mit ein bisschen Glück wird ein süßer Boy oder ein süßes Girl zu Hilfe kommen.

Ecris-moi sur mon e-mail perso.
Schreib mir an meine Privat-Mail.
„Mél" ist das offizielle französische Wort für E-Mail, aber man sagt trotzdem vor allem „mail" und „e-mail".

Salut les mecs, moi c'est Nadia.
Hi ihr Boys, ich bin Nadia.

Je cherche une jeune femme pour sorties et plus si affinités.
Suche Girl zum Ausgehen und mehr, wenn's passt …

Si tu veux mieux me connaître, va voir mon blog.
Wenn du mich näher kennen lernen möchtest, schau in mein Blog.
Ein Blog ist eine Art persönliches Tagebuch im Internet, in das auch andere User ihre Kommentare schreiben können.

Oder noch schneller:

Slt C qoi ton pti nom? [Salut, c'est quoi ton petit nom?]
Hi, wie ist dein Vorname? (Wörtl.: kleiner Name)

decri toi fisikmt [Décris-toi physiquement.]
Erzähl mal, wie du aussiehst!

eh ta pa 1 webcam? [Eh, tu n'as pas une webcam?]
Hey, hast du keine Webcam?

eh ta 1 foto de toi? [Eh, tu n'as pas une photo de toi?]
Hey, hast du kein Foto von dir?

1 Sprüche zum Abwimmeln

Du fragst dich schon die ganze Zeit, was der Typ oder die Tussi neben dir eigentlich von dir will? Lass dir nichts gefallen und werd ihn oder sie mit folgenden Sprüchen los.

Auf die nette Art

Wenn du eher der „liebe" Typ bist ...

Merci, mais j'attends quelqu'un.
Danke, aber ich warte auf jemanden.
Er oder sie wird den Wink schon verstehen.

Je comprends, mais j'ai déjà quelqu'un.
Verstehe. Ich hab aber schon jemanden.
Dieser „jemand" ist natürlich dein Freund oder deine Freundin.

Désolé(e), mais je suis pressé(e).
Sorry, aber ich hab's eilig.

Je dois partir, malheureusement.
Ich muss leider gehen.
Sag's aber nicht zu bedauernd, sonst will er oder sie noch deine Telefonnummer ...

J'aimerais bien, mais je crois que mon copain/ ma copine ne sera pas très content(e)!
Ich würde gerne, aber ich glaub, mein Freund/meine Freundin wäre nicht so begeistert!
Bei Nervensägen funktioniert es immer, zufällig mal „mein Freund" oder „meine Freundin" ins Gespräch einzustreuen.

Vous êtes très gentil(le), mais je préfère rester seul(e).
Sie sind sehr nett, aber ich bin lieber alleine.

Peut-être un autre fois...
Vielleicht ein andermal.
So verletzt du niemanden, gibst aber zu verstehen, dass du nicht willst!

Je suis pris(e) demain.
Ich kann morgen nicht.
... und übermorgen auch nicht!

Je ne veux pas perdre une belle amitié comme la nôtre.
Ich möchte dich nicht als Freund/als Freundin verlieren.
Funktioniert natürlich nur bei guten Freunden ...

1

Je t'aime bien, mais je ne veux pas sortir avec toi.
Ich mag dich, aber ich will nicht mit dir zusammen sein.

Je ne peux pas accepter ce cadeau.
Ich kann dieses Geschenk nicht annehmen.

Und wenn man doch mal seine Telefonnummer jemandem gegeben hat, den man wieder loswerden möchte, gibt's nur eine Lösung:

Non, c'est une erreur, vous vous êtes trompé(e) de numéro.
Tut mir leid, Sie haben eine falsche Nummer gewählt.

Auf die harte Art

Er oder sie kapiert einfach nicht, dass du deine Ruhe haben willst? Dann veruch's so:

Tu ne m'intéresses pas.
Du interessierst mich nicht.
Hart, aber klar.

Laisse-moi tranquille!
Lass mich in Ruhe!

Tu perds ton temps.
Du verschwendest deine Zeit.

On n'a pas gardé les cochons ensemble.
Wir haben nicht zusammen Schweine gehütet./Wir waren nicht zusammen in der Krabbelstube.
Wenn er oder sie dir zu sehr auf die Pelle rückt ...

Va voir ailleurs si j'y suis!
Verzieh dich! (Wörtl.: Geh woanders hin und sieh nach, ob ich dort bin!)
Bring deine Message mühelos rüber!

Casse-toi!
Verpiss dich! (Wörtl.: Mach dich kaputt!)
Nicht wirklich nett, aber klipp und klar.

Va te faire foutre! !
Mach 'nen Abflug!

Dégage!
Verzieh dich!

Tu te prends pour qui?
Für wen hältst du dich eigentlich?

Tu délires!/Tu es fou/folle!/Ça va pas la tête!
Spinnst du?!

1

Pousse-toi, tu me caches la vue sur ma copine / mon copain.
Verzieh dich, du versperrst den Blick auf meine Freundin/meinen Freund.
Gemein, gemein ...

Unzensiert

Eine richtig böse Abfuhr erteilen? So klappt's auf jeden Fall ...

Tu t'es pas regardé ! / Tu t'es pas vu !
Schau dich doch mal an!
Eine unmissverständliche Antwort.

Fous-moi la paix. ! / Fiche-moi la paix.
Lass mich in Ruhe.

Va chier ! !
Verpiss dich!

Là tu vois, tu m'emmerdes. !
Also weißt du, du kotzt mich echt an!

Abfuhren fürs Handy

Ein bisschen unpersönlich vielleicht, aber wenn's sein muss ...

l'S tomB [Laisse tomber.]
Lass stecken.

ti2 [T'es hideux.]
Du bist ätzend.
Auf den Punkt gebracht ...

ten a pa mar 2jouer av ton portab? [Tu n'en as pas marre de jouer avec ton portable?]
Hast du nicht bald keinen Bock mehr, mit deinem Handy herumzuspielen?
Nicht sehr nett ...

Wenn du eher der feige Typ bist, kannst du auch so tun, als ob es sich um einen Irrtum handelt:

J n coné pa snuméro. Vou AV du vous tromP. [Je ne connais pas ce numéro. Vous avez dû vous tromper.]
Ich kenne diese Nummer nicht. Sie müssen sich verwählt haben.

1 Abfuhren für den Chat

Der Typ oder die Tussi wird unverschämt? Hier der richtige Spruch:

Tè con ou qoi? [Tu es con, ou quoi?]
Bist du bescheuert oder was?

Für Insider Die beste Art, jemandem eine Abfuhr zu erteilen, ist immer noch, sich auszuloggen oder die Nachrichten der betreffenden Person zu ignorieren. Denn weiter zu chatten, auch wenn man sie oder ihn abblitzen lässt, könnte ja heißen, dass man sich noch begehrenswerter machen möchte.

Man kann auch so tun, als ob man beschäftigt wäre:

atan G1 cou2 fil jtlaisse. [Attends, j'ai un coup de fil, je te laisse.]
Warte mal, das Telefon klingelt. Ich muss aufhören.
Die feige Nummer ... aber er oder sie wird verstehen, was Sache ist.

Liebe und Romantik

2

- Die besten Vorwände für ein zweites Date
- Kino, Kuscheln, Kurztrips – romantische Zeitvertreibe für Verliebte
- Aphrodisierende Menüs für Sie und Ihn
- „Ich liebe dich" – französische Varianten für den schönsten Satz der Welt

2 10 Vorwände ...

... um ihn oder sie wiederzusehen. Du findest aber bestimmt noch mehr!

Tu veux que je te prenne une place pour cette soirée?
Soll ich dir für die Party eine Karte besorgen?
Wenn er oder sie ja sagt, ist das nächste Date so gut wie sicher ...

J'ai des tickets pour ce concert, ça t'intéresse?
Ich hab Karten für das Konzert. Hast du Lust mitzukommen?

Il y a ce film qui passe, on pourrait y aller ensemble.
Da kommt dieser Film im Kino – wenn du magst, können wir ihn zusammen ansehen.

T'as froid? Je te prête mon pull, tu me le rendras la prochaine fois qu'on se verra.
Ist dir kalt? Ich leih dir meinen Pulli, wenn du willst. Du kannst ihn mir ja das nächste Mal wiedergeben.
Coole Masche, aber ... siehst du deinen Pulli auch wirklich wieder?

Je peux t'emprunter ce CD?
Kannst du mir diese CD ausleihen?

Je te rappelle pour te donner le titre du bouquin dont je t'ai parlé.
Ich ruf dich an und sag dir den Titel des Buches, von dem ich dir erzählt hab.

Je te dois un café.
Ich schulde dir einen Kaffee.

N'oublie pas que t'as promis de m'apprendre à danser le rock.
Vergiss nicht, dass du versprochen hast, mir Rock-and-Roll-Tanzen beizubringen.

Quand est-ce que tu viens visiter Montpellier? Tu pourras dormir chez moi …
Wann kommst du nach Montpellier? Du könntest bei mir schlafen …
Natürlich auf dem Sofa …

Ça te dirait de faire un stage d'équitation pendant les vacances?
Hast du Lust, in den Ferien einen Reitkurs zu machen?
Ersetze „reiten" durch ein anderes Hobby, das er oder sie mag (Yoga, Theater, Kung Fu …) und mach natürlich mit! Einige Veranstalter, die Sportkurse oder Ferienreisen organisieren, sind bekannt dafür, echte Baggerzentren zu sein …

2 Romantik zu zweit

„La vie en rose"... Schmetterlinge im Bauch und so viele wunderschöne Dinge, die man zusammen tun kann! So sagst du's auf Französisch:

J'aimerais aller me promener avec toi au parc.
Ich würde gerne mit dir im Park spazieren gehen.

Si on allait en ville s'acheter une crêpe ou une gaufre dans la rue ?
Sollen wir in die Stadt gehen und uns auf der Straße eine Crêpe oder eine Waffel kaufen?

Ce soir on se fait une soirée romantique : ciné et resto.
Heute machen wir uns einen romantischen Abend: Kino und Restaurant.
Ein Klassiker.

Je t'invite au restaurant.
Ich lade dich ins Restaurant ein.

Ce midi, je vais te mijoter un bon petit plat.
Heute Mittag werde ich dir was Gutes kochen.

On prend le petit-déjeuner au lit ?
Frühstücken wir im Bett?
Und wer bringt es wem ans Bett?

Ça te dirait d'aller voir une expo?
Hast du Lust, in eine Ausstellung zu gehen?
„Expo" ist die Abkürzung für „exposition".

On pourrait louer un DVD et le regarder ensemble chez moi.
Wir könnten eine DVD ausleihen und sie bei mir ansehen.
Natürlich nur, wenn du nicht mehr bei deinen Eltern wohnst oder gerade sturmfreie Bude hast ...

J'aimerais aller au cinéma en plein air.
Ich würde gerne ins Open-Air-Kino gehen.
Aber bitte nicht in einen Horrorfilm ...

Il fait beau, on va pique-niquer au bois de Vincennes?
Es ist so schönes Wetter, gehen wir im Bois de Vincennes picknicken?

Je lui ai préparé un lit de pétales de rose.
Ich hab ihm/ihr ein Bett aus Rosenblüten bereitet.
Wie romantisch ...

Nous avons été faire du canot sur le lac de la porte jaune.
Wir waren auf dem Lac de la porte jaune Boot fahren.

2

Tu aimes le ballet?
Magst du Ballet?

Ils viennent de rouvrir la patinoire en plein air sur la place de l'Hôtel de Ville, tu viens avec moi?
Die haben gerade die Open-Air-Eislaufbahn vor dem Rathaus eröffnet, kommst du mit hin?

J'ai réservé une table sur une péniche ...
Ich hab uns einen Tisch auf einem Restaurant-Hausboot reserviert ...
Candle-Light-Dinner auf der Seine ...

Ça te dit de passer le week-end à Deauville?
Hast du Lust, das Wochenende in Deauville zu verbringen?

FACTS Das Seebad Deauville-Trouville ist eines der beliebtesten romantischen Ausflugsziele der Pariser. Nur zwei Stunden von Paris ist da Abwechslung garantiert! Super ist es, in einem Restaurant mit Blick aufs Meer Muscheln zu essen. Dann kann man den Abend im eleganten Casino von Deauville ausklingen lassen.

Liebe à la carte

Natürlich sollte man in Frankreich so richtig schick essen gehen oder auch mal nett für die neue Eroberung kochen! Und auch wenn es Gerichte gibt, die du noch nie in deinem Leben gegessen hast – probier's einfach aus! Aber pass auf: Franzosen haben eine sehr hohe Meinung von ihrer Kochkunst, also sei nicht zu ehrlich, auch wenn es dir mal nicht so schmeckt!

Menü-Tipps für dein französisches Candle-Light-Dinner

Entrées/Vorspeisen:

Soupe de poisson avec croûtons et fromage râpé
Fischsuppe mit Croûtons und geriebenem Käse

Escargots de bourgogne
Weinbergschnecken
Ja, man isst wirklich Schnecken in Frankreich. Das ist kein Klischee!

Salade de gésiers
Salat mit Entenmägen

2

Huîtres
Austern

Foie gras avec gros sel et toast
Foie gras (Gänseleberpastete) mit grobem Salz und geröstetem Brot
Gänseleberpastete ist eine Delikatesse in Frankreich!

Plat principal/Hauptgericht (serviert mit grünem Salat an Vinaigrettedressing):

Poissons/Fischgerichte:

Raie aux câpres
Rochen in Kapernsoße

Sole meunière
Seezunge nach Müllerin Art

Für Insider Vom romantischen Abendessen zur erotischen Liebesnacht? Das hängt ganz von deinen Kochkünsten ab, vom Ambiente, in dem du dein Menü servierst ... und natürlich von den chemischen Eigenschaften der Zutaten. Ein Essen, das durch seinen Geschmack, seinen Duft und seine Farben die Sinne weckt, wird auch die erotische

Lust steigern. Ein abwechslungsreiches und delikates Menü wirkt Wunder, vor allem, wenn es in romantischer Atmosphäre mit gedämpftem Licht serviert wird. Noch besser ist es, wenn die Zutaten aphrodisierende Wirkung haben, wie z. B. Austern, Kaviar, Trüffel oder Erdbeeren.
Trotzdem sollte man aufpassen, dass man sich den Bauch nicht so vollschlägt, dass man sich hinterher nicht mehr bewegen kann. Das tötet natürlich jede Leidenschaft. Auf Französisch sagt man dazu: „tue-l'amour" (Wörtl.: Liebestöter).

Darne de saumon
Lachssteak

Saumon en croûte de pistou et crumble de tomate
Lachs in Basilikum-Knoblauch-Kruste und Tomatencrumble

Rôti de saumon fumé farci aux St Jacques
Räucherlachsrolle mit Jakobsmuschelfüllung

Filet de lotte et tomates confites
Seeteufelfilet mit getrockneten Tomaten

Viandes/Fleischgerichte:

Confit de canard
Enten-Confit
Das ist ein klassisches Gericht aus dem Südwesten Frankreichs, bei dem das Entenfleisch in Fett gegart und anschließend darin konserviert wird.

Coq au vin
Hähnchen in Rotwein- oder Weißweinsauce, je nach Region

Filet mignon et son gratin de poireaux
Filet mignon mit Lauchgratin

Magret de canard au vinaigre balsamique et pommes de terre au sel
Entenbrustfilet in Balsamico-Essig-Sauce und Kartoffeln in Salzkruste

Crustacés, fruits de mer/Schalen- und Krustentiere, Meeresfrüchte:

Flan de langoustines au safran
Scampi-Flan in Safran

Cœurs de Saint-Jacques en habit vert
Jakobsmuscheln im Grünen
... mit viel Gemüse: Fenchel, Erbsen, Möhren und Mangold

Plateau de fromages/Käseplatte:

Comté, gruyère, bleu d'Auvergne, camembert, brie …

Comté, Greyerzer, Blauschimmelkäse aus der Auvergne, Camembert, Brie …

Käse ist natürlich DIE große Spezialität in Frankreich. Aber Achtung! Du könntest danach einen nicht ganz so erotischen Mundgeruch haben …

Für Insider Französisches Gebäck ist normalerweise sehr fein und auch kleiner als in Deutschland. Wenn man bei einem Mädchen, das man erobern will, zum Essen oder zum Kaffee eingeladen ist, ist es immer eine gute Idee, ein bisschen Kuchen mitzubringen. Man sagt dazu auf Französisch: „prendre quelqu'un par les sentiments" (Wörtl.: jemanden bei den Gefühlen packen). Das ist „Liebe geht durch den Magen" auf Französisch …

Desserts/Nachtische:

Pommes caramel calvados
Karamellisierte Äpfel in Calvados

Poire belle-hélène
Birne Helene

Mousse au chocolat
Mousse au chocolat

Éclair au café
Eclair mit Mokkacremefüllung

Ein bisschen turteln

Kohl oder Hase genannt zu werden, ist auf Französisch ziemlich romantisch …

Tu es …	Du bist …
mon amour.	mein Liebling.
mon chéri / ma chérie.	mein Schatz. Der Klassiker.
mon bébé.	mein Baby.
mon cœur.	mein Herz.
mon chou.	mein Süßer/meine Süße. (Wörtl.: mein Kohl)

mon lapin.	mein Häschen.
mon trésor.	mein Schatz.
ma biche. ♀	mein Schatz. (Wörtl.: meine Hirschkuh)
ma poule / ma cocotte. ♀	mein Spatz. (Wörtl.: mein Huhn)
mon coco. ♂	mein Spatz. (Wörtl.: mein Huhn) *„Coco/cocotte" macht den Schrei des Hahnes oder der Henne nach.*
mon ange.	mein Engel.
mon bichon.	mein Schmuse-kätzchen/ mein Knuddelbär.
mon canard en sucre.	meine Zuckerschnecke.
mon étalon. ♂	mein Bär. (Wörtl.: mein Hengst)

2 Ich liebe dich ...

und wie du es sonst noch ausdrücken kannst!

J'aime être avec toi.
Ich bin gerne mit dir zusammen.
Kleine Untertreibung für Schüchterne.

J'ai un (petit) faible pour toi.
Ich mag dich.
Nette Worte, aber noch keine Liebeserklärung ...

Tu me plais bien.
Du gefällst mir.
Schon ein bisschen mehr ...

J'en pince pour toi.
Ich bin total in dich verknallt.
Eintagsfliege ... oder Ernst?

J'ai le béguin pour toi.
Du hast mir total den Kopf verdreht.

Je craque pour toi.
Ich steh auf dich. (Wörtl.: Ich knacke für dich.)

Tu m'attires.
Du machst mich an.

Tu me branches.
Du machst mich an. (Wörtl.: Du steckst mich ein.)

Tu me bottes.
Ich steh auf dich. (Wörtl.: Du trittst mir in den Hintern.)

Je crois que je suis amoureux/amoureuse.
Ich glaube, ich habe mich verliebt.
Romantisch ...

Je t'aime.
Ich liebe dich.
Der Klassiker.

Tu es la fille de mes rêves.
Du bist das Girl meiner Träume.
Wahre Liebe ...

Je suis fou/folle de toi.
Ich bin verrückt nach dir.

Je ne peux pas me passer de toi.
Ich kann ohne dich nicht sein.
Schön, aber nicht gesund ...

Je voudrais passer ma vie avec toi.
Ich möchte mein Leben mit dir verbringen.
Jetzt wird's ernst ...

Wenn du's nicht so romantisch, aber umso heißer magst:

Tu me fous la trique.
Du machst mich total scharf.
Das kannst du nur als Mann sagen.

Je te veux. / J'ai envie de toi / Je te désire.
Ich will dich.
Ist erotisch gemeint.

Sérieux, j'kiffe trop ton cul. !
Dein Arsch turnt mich echt an.

Anträge

Dich hat's so richtig erwischt, und du willst, dass aus der Sache was Ernstes wird? Hier die nötigen Sprüche, um „Nägel mit Köpfen" zu machen:

Tu viens prendre le petit-déjeuner chez moi?
Kommst du zum Frühstücken zu mir?
Das musst du natürlich am Abend vorher sagen ...

Tu veux sortir avec moi ?
Willst du mit mir gehen?

Tu peux rester ici aussi longtemps que tu veux …
Du kannst hier so lange bleiben, wie du willst.

Je voudrais te présenter ma meilleure amie.
Ich möchte dich meiner besten Freundin vorstellen.
Ein erster Schritt …

Tu veux bien venir déjeuner chez mes parents dimanche ?
Essen wir am Sonntag zusammen bei meinen Eltern zu Mittag?
Jetzt bloß nicht nein sagen …

Si on passait Noël ensemble ?
Und wenn wir Weihnachten zusammen verbringen?

Et si on se cherchait un petit nid d'amour ?
Und wenn wir uns zusammen ein Liebesnest suchen?
Die romantische Version von „Willst du mit mir zusammenziehen?"

2

Tu veux venir habiter chez moi?
Willst du bei mir einziehen?

Si on se fiançait?
Sollen wir uns verloben?

Que dirais-tu de se pacser?
Was meinst du: Sollen wir einen PACS abschließen?
Die Kurzform PACS steht für „Pacte Civil de Solidarité" und ist eine rechtlich anerkannte Lebenspartnerschaft, nicht nur für homosexuelle Paare.

Ça te dirait de passer le reste de ta vie avec moi?
Würdest du gerne den Rest deines Lebens mit mir verbringen?

Tu m'aimeras toujours quand je serai vieux/vieille?
Wirst du mich immer lieben, auch wenn ich alt bin?

Veux-tu m'épouser?
Willst du mich heiraten?
Der Klassiker ...

Je vais aller voir ton père pour lui demander ta main. ♀
Ich werde bei deinem Vater um deine Hand anhalten.
Natürlich macht man das nicht mehr so oft!

Je voudrais que tu sois la mère de mes enfants. ♀
Ich möchte, dass du die Mutter meiner Kinder wirst.

Si on faisait un bébé?
Und wenn wir ein Kind machen?

Fais-moi un gosse. ♂
Mach mir ein Kind.
Das muss man nicht unbedingt wörtlich nehmen, kann auch einfach eine Einladung zum Sex sein ...

3 Sex und andere Abenteuer

- *Die nackte Wahrheit über Körperteile*
- *Parlons sex!*
- *Verhütung und alles, was dazu gehört*

Anatomiekurs

Du fühlst dich in französischen Betten völlig hilflos? Dann pass jetzt gut auf …

Unzensiert

Hier findest du die Körperteile, über die du wirklich sprechen willst.

Die Herrenabteilung …

le pénis	der Penis
le phallus	der Phallus
les burnes / les couilles !	die Eier
la queue !	der Schwanz
la bite !	der Schwanz
la pine !	der Schwanz
le zob	der Schwanz
le dard !	der Stachel
le gland	die Eichel
le prépuce	die Vorhaut
les bourses	der Hodensack (Wörtl.: die Säcke/Beutel)

Die Damenabteilung …

les seins	der Busen
les nichons !	die Titten
les nibards !	die Titten
les roberts	die Brüste
les lolos	die Brüste
les tétons	die Brüste
le vagin	die Scheide/Vagina
la chatte	die Muschi
le minou	die Muschi
la foufoune	die Muschi
la foufe	die Fotze
la touffe	die Fotze
le clitoris / le clito	die Klitoris
les lèvres vaginales	die Schamlippen
les petites lèvres	die kleinen Schamlippen
les grandes lèvres	die großen Schamlippen
le point G	der G-Punkt
le mont de Vénus	der Venushügel

Unisex …

le cul	der Arsch
les fesses	die Arschbacken
l'arrière-train	die Arschbacken
le popotin	der Hintern
le postérieur	das Hinterteil
l'entrejambes	der Genitalbereich (Wörtl.: Das, was zwischen den Beinen ist.)
les parties génitales	der Genitalbereich
les poils pubiens	die Schamhaare
l'anus	der After
le trou du cul	das Arschloch. *Das ist wie im Deutschen auch ein Schimpfwort: „Espèce de trou du cul!" oder abgekürzt: „trou duc'"!*
le rectum	das Rektum/ der Mastdarm

3

Es geht heiß her

Der Spaß hat keine Grenzen – von kalten Küsschen bis zu heißem Sex.

Embrasse-moi.
Küss mich.

Tu m'excites.
Du erregst mich.

J'ai envie de toi.
Ich hab Lust auf dich.

Prends-moi. ♂
Nimm mich.

Fais-moi l'amour.
Mach's mir.

Mets-la moi profond. ♂
Tiefer!

Das erste Mal

Sag's lieber gleich am Anfang …

C'est ma première fois.
Das ist mein erstes Mal.

Je suis vierge.
Ich bin noch Jungfrau.

Je suis puceau / pucelle.
Ich bin noch Jungfrau.

Je n'ai pas beaucoup d'expérience.
Ich hab nicht viel Erfahrung.
Das heißt meistens, dass er oder sie gar keine Erfahrung hat …

Je n'ai jamais fait l'amour avant.
Ich hatte noch nie zuvor Sex.

Je n'aurai jamais pensé que ça pouvait être comme ça.
Ich hätte nie gedacht, dass es so schön sein könnte.
Was für ein Kompliment!

Wir haben es getan

Auch auf Französisch gibt es tausend Wörter für die schönste Nebensache der Welt. Man muss sie nur kennen …

Nous …	Wir …
avons eu des rapports sexuels.	hatten Geschlechtsverkehr. *Die medizinische Sicht der Dinge.*

3

Nous …	Wir …
avons passé la nuit ensemble.	haben die Nacht miteinander verbracht. *Eine Untertreibung.*
avons couché ensemble.	haben miteinander geschlafen. *Ob da wohl jemand geschlafen hat …*
avons fait l'amour.	haben Liebe gemacht. *Wie romantisch!*
Je me suis envoyé en l'air.	Ich hab Sex gehabt. (Wörtl.: Ich hab mich in die Luft geworfen.) *Echtes Glück!*
J'ai dormi chez lui.	Ich hab bei ihm geschlafen. *Wer weiß, was passiert ist …*
On a conclu.	Wir haben zum ersten Mal miteinander geschlafen. (Wörtl.: Wir haben es zu Ende gebracht.)

Nous avons fait un câlin 4 étoiles.	Wir haben uns geliebt. (Wörtl.: Wir hatten Vier-Sterne-Zärtlichkeiten.) *Genau wie im Deutschen bezieht sich der Ausdruck „4 étoiles" normalerweise auf die Qualität eines Hotels oder Restaurants. Ist aber auch eine Art, romantisch über Sex zu sprechen, ohne ihn direkt zu nennen.*
On a fait des folies de notre corps.	Wir haben eine heiße Nacht miteinander verbracht. (Wörtl.: Wir haben Irres aus unseren Körpern gemacht.) *Aha! Erzähl …*
On a fait du sport en chambre.	Wir haben Bettsport gemacht. (Wörtl.: Wir haben im Schlafzimmer Sport gemacht.) *Auch eine Art, sich fit zu halten …*
Ils ont fait des choses.	Sie haben „es" gemacht. (Wörtl.: Sie haben Sachen gemacht.)

Unzensiert

Und jetzt geht's zur Sache. Was folgt, sind einige ziemlich dreckige Begriffe, die alle nur das Eine bedeuten.

Nous avons baisé / niqué. !
Wir haben gepoppt/gefickt.
Derb, aber bringt's direkt auf den Punkt.

Was jetzt kommt, ist nur für Ihn und seine Männer-Abende bestimmt:

J'ai tiré un coup. !
Ich hab gevögelt.
Dieser Spruch kommt von „tirer un coup de fusil", was heißt: „einen Gewehrschuss abgeben".

Je l'ai pénétrée. !
Ich hab bei ihr eingeparkt.
Auch ein Spruch ganz speziell für Ihn und seine Kumpels.

Je lui ai mis un coup de bite.
Ich hab sie flachgelegt.
Sehr vulgär und respektlos. Pass auf, dass sie gaaanz weit weg ist, wenn du so über sie sprichst ...

Je l'ai tronchée.
Ich hab sie genagelt.

Je l'ai défoncée.
Ich hab sie genagelt. (Wörtl.: Ich hab es eingedrückt.)

Je l'ai tringlée.
Ich hab ihr 'n Rohr verlegt.
„Tringle" bedeutet eigentlich „Stange". Der Spruch soll dadurch männlich klingen.

Wie war es?

Was du währenddessen und danach sagen kannst …

Es war noch besser als du gedacht hast?

C'était bien.
Das war gut.
Nicht gerade überschäumende Begeisterung …

3

Tu étais parfait(e).
Du warst super.
Glaub's nur, wenn er oder sie dir dabei in die Augen schaut!

C'était génial!
Das war super!

C'était le pied! !
Das war einfach super! (Wörtl.: Das war der Fuß!)

Tu embrasses bien.
Du küsst gut.
Und der Rest?

Tu suces bien. ♀
Du bist echt gut im Blasen.

Tu m'as fait jouir.
Ich bin zum Höhepunkt gekommen.

Tu m'as fait prendre mon pied. !
Ich bin gekommen. (Wörtl.: Du hast mich meinen Fuß nehmen lassen.)

Tu m'as fait voir le 7ème ciel.
Ich hatte einen Mega-Orgasmus. (Wörtl.: Du hast mich den 7. Himmel sehen lassen.)

Tu es meilleur(e) que …
Du bist noch besser als …
Klingt ein bisschen gemein, kommt aber bei Machos bestimmt gut an …

Schade, die Nacht war wohl doch nicht der Traum. So kannst du deinen Frust ablassen:

C'était pas terrible.
Das war nicht gerade erste Sahne.

C'était nul !
Das war ja wohl nichts.

Je crois que je vais rentrer chez moi.
Ich glaub, ich geh nach Hause.

Bon, ben fini moi à la main alors ! ♂
Na also, dann mach's mir halt mit der Hand!

C'est pas ta faute, mais promets moi d'aller consulter.
Ist nicht dein Fehler, aber mach doch mal 'ne Beratung.

Va falloir acheter du Viagra™.
Wir müssen wohl Viagra™ kaufen./Du musst wohl Viagra™ kaufen.
Die moderne Medizin vollbringt Wunder …

3

Tu me fais un café, pour me remettre.
Mach mir 'nen Kaffee, damit ich mich erholen kann.

Je préfère Khader.
Khader macht es besser.
Ersetz den Namen durch jemanden, auf den dein Partner eifersüchtig ist ... aber nur, wenn du ihn oder sie so richtig verletzen willst!

Kleine Schweinereien

Lust auf ein Abenteuer?

N'oublie pas tes ...	Vergiss deine ... nicht!
films X / films pornos / films de cul. !	Pornos
dessous sexy.	sexy Dessous
bas résilles.	Netzstrümpfe
Emporte ton / ta / tes ...	Bring deinen/ deine ... mit.
string léopard.	Leopardenstring
slip brésilien.	brasilianischen Slip
tanga.	Tanga
soutien-gorge à balconnets.	Körbchen-BH
porte-jarretelles.	Strapse

Elle m'a fait un massage thaïlandais.
Sie hat mir eine Thai-Massage gemacht.

Nous avons fait un 69.
Wir haben 69 gemacht.
Das französische Departement Nr. 69 (Rhône) gibt sich gerne sexy! In einem Chanson singt Serge Gainsbourg sogar vom Jahr 1969 als einem der erotischsten Jahre überhaupt!

Nous avons fait l'amour en missionnaire.
Wir haben's in Missionarsstellung gemacht.
Die altbewährte Stellung ...

Cherchons des idées dans le Kama Sutra.
Wir können uns doch vom Kamasutra inspirieren lassen.

Si tu mettais du gel lubrifiant.
Und wenn du Gleitgel benutzt?

Bande-moi les yeux.
Verbinde mir die Augen.

Elle lui a fait une fellation.
Sie hat ihm eine Fellatio gemacht.

Il lui a fait un cuni.
Er hat ihr einen Cunnilingus gemacht.

Wenn du's so richtig heiß willst, solltest du auch diese Sachen kennen:

Je lui ai bouffé / brouté la chatte. !
Ich hab ihr die Muschi geleckt. (Wörtl.: Ich hab ihre Katze gefressen.)

Il l'a léché. / Il lui a fait des léchouilles.
Er hat sie geleckt.
Dabei kann's um Cunnilingus gehen, muss aber nicht ...

Elle lui a taillé une pipe. !
Sie hat ihm einen geblasen.

Elle l'a sucé ! **/ pompé.** !
Sie hat ihm einen geblasen/runtergeholt.

Enfile ce soutien-gorge en latex.
Zieh dir mal schnell den Latex-BH an.

Tu aimes les trucs à trois ?
Stehst du auf 'nen Dreier?

Safer Sex

Bevor du zur Sache kommst, solltest du dich auch damit auskennen!

J'utilise …	Ich nehme …
des capotes.	Gummis.
des préservatifs féminins.	Femidome.
Je prends la pilule.	die Pille.

J'ai …	Ich hab …
un diaphragme.	ein Diaphragma.
un stérilet.	eine Spirale.

Sexuell übertragbare Krankheiten

Mach dich lieber vorher kundig!

Tu as fait un test HIV?
Hast du 'nen Aids-Test gemacht?

Tu as …?	Hast du …?
l'hépatite	Hepatitis
de l'herpès	Herpes genitalis
la syphilis	Syphilis
le SIDA	Aids

Tu devrais aller chez le toubib.
Du solltest zum Arzt gehen.

Il a une MST.
Er hat eine sexuell übertragbare Krankheit.
„MST" steht für „maladie sexuellement transmissible".

Elle a été infectée par le virus du sida.
Sie ist mit Aids angesteckt worden.
Im Französischen werden die Buchstaben einfach vertauscht: SIDA heißt aufgelöst „Syndrome d'Immunodéficience Acquise".

Unfälle und Pannen

Ups! Das kann wohl jedem passieren ...

Le préservatif s'est déchiré.
Das Kondom ist geplatzt.

J'ai oublié de prendre ma pilule.
Ich hab vergessen, die Pille zu nehmen.

Je dois prendre la pilule du lendemain. / Je dois trouver une pharmacie ouverte pour acheter la pilule du lendemain.
Ich brauche die „Pille danach"./Ich muss eine offene Apotheke finden, um die „Pille danach" zu kaufen.

Il faut faire un test de paternité.
Wir müssen einen Vaterschaftstest machen.

Elle a un retard de règles, elle devrait faire un test de grossesse.
Ihre Tage sind überfällig. Sie sollte einen Schwangerschaftstest machen.

Elle a été chez le gynéco pour savoir si elle était enceinte.
Sie war beim Frauenarzt, um herauszufinden, ob sie schwanger ist.

Ce bébé n'était pas désiré.
Das Baby war nicht geplant.

Ce bébé était un accident.
Das Baby war ein Unfall.

Schwanger?

Was man über eine sagt, die Nachwuchs kriegt:

Elle est enceinte.
Sie ist schwanger.
Die normale Art, davon zu sprechen.

3

Marie est en cloque.
Marie hat die Kugelgrippe.
Das ist ein bisschen abfällig.

Jean a mis sa copine enceinte.
Jean hat seine Freundin geschwängert.
War wohl eher ein Unfall ...

David a engrossé sa copine.
David hat seiner Freundin eins hingesetzt./David hat seine Freundin geschwängert.
In diesem Fall wohl keine gute Sache ...

Caro a une brioche dans le four.
Caro hat einen Braten im Ofen. (Wörtl.: Caro hat einen Hefekuchen im Ofen.)

Die alternative Szene

4

- *Die richtigen Wörter für Schwule und Lesben*
- *Ein bisschen bi schadet nie.*
- *Szene-Locations*

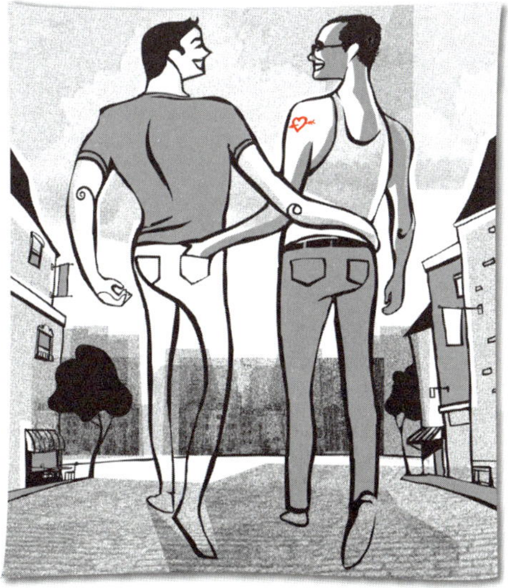

4 Ist er schwul?

Egal ob du selbst schwul bist oder schwule Freunde hast, hier sind die Ausdrücke, die du brauchst, um über Homosexualität zu sprechen.

Il es gay / homosexuel.
Er ist homo.

C'est …	Er ist …
un homo.	ein Homo.
un pédé. 💣	schwul. *„Pédé" ist eine abwertende und umgangssprachliche Kurzform von „pédéraste" (Homosexueller).*
un PD. 💣	schwul/gay. *Wenn man die beiden Buchstaben getrennt ausspricht, klingt es wie „pédé" – es ist nur eine andere Schreibweise.*
un 16/4. 💣	schwul/gay. *Wenn man ein bisschen diskreter und weniger vulgär sein will, kann man auch die beiden Buchstaben durch ihre Stelle im Alphabet ersetzen: P ist der 16. Buchstabe, D der Vierte.*

C'est …	Er ist …
une pédale.	'ne Schwuchtel.
une tante.	'ne Tunte. (Wörtl.: eine Tante)
une tantouze.	'ne Tunte. (Wörtl.: eine Tante)
une grande folle.	'ne Tunte. (Wörtl.: eine große Verrückte)
une tapette.	'ne Schwuchtel.
un enculé.	ein Arschficker. *„Enculé" kann auch ein endbeleidigendes Schimpfwort sein, das man zu allen und allem sagen kann.*

FACTS Echt nicht einfach, jemanden anzumachen, wenn man nicht weiß, ob der, der einem gefällt, auch gay ist. Dafür haben einige Homosexuelle wohl den „gaydar" (Wortgemisch aus „gay" und „radar"), mit dem sie instinktsicher einschätzen können, ob der Flirt auch vom anderen Ufer ist.

4 Ist sie Lesbe?

Ausdrücke für die weibliche Variante …

Elle est lesbienne / homosexuelle.
Sie ist lesbisch.

C'est une …	Sie ist eine …
gouine. !	Lesbe.
goudou.	Lesbe.
brouteuse.	Lesbe. (Wörtl.: Schleckerin)
camionneuse. !	Lesbe. (Wörtl.: LKW-Fahrerin)
lesbrouffe.	Lesbe. *Verkleinerungsform von „lesbienne".*
saphiste.	Lesbe. (Wörtl.: Anhängerin der Sappho) *Sappho lebte auf der griechischen Insel Lesbos.*

Achtung! Diese Ausdrücke können endbeleidigend und absolut heftig rüberkommen, wenn sie abfällig gesagt werden.

Bisexuell?

Lieber bi als nie – so spricht man auf Französisch darüber.

Il est …	Er ist …
bisexuel.	bisexuell.
bi.	bi.

Adrien est à voile et à vapeur.
Adrien kennt beide Ufer./Adrien ist eine Prinzenrolle. (Wörtl.: Adrien ist ein Segel- und ein Dampfschiff.)

Andere Varianten

C'est un …	Er ist ein/eine …
transsexuel.	Transsexueller.
transgenre.	Transsexueller.
trans.	Transe.
travesti.	Transvestit.
travelo. !	Transe/Transvestit.

FACTS „Gay Pride" (oder „La Marche des Fiertés Gay, Lesbiennes, Bis et Trans") ist der Name einer Demo für die Rechte der Homos, die jedes Jahr im Juni in Paris

und anderen Städten Frankreichs stattfindet. Homosexuelle Männer und Frauen ziehen durch die Stadt, manche in bunten Kostümen. Freunde und Familien zeigen ihre Solidarität mit dem homosexuellen Lebensstil. Auch immer mehr Politiker bekennen sich zu ihrer Homosexualität und laufen bei der „Gay Pride" mit, z. B. der schwule Pariser Bürgermeister Bertrand Delanoë.
In Paris ist DAS angesagte Schwulen-Viertel das „Marais"-Viertel im 4. Arrondissement. Hier findest du Cafés, Bars und Läden, wo Schwule hingehen oder die Schwulen gehören.

Und schließlich:

Fais ton coming out!
Oute dich!

Sors du placard!
Oute dich! (Wörtl.: Komm aus dem Schrank raus!)

Die Homoszene

Noch ein paar Begriffe, die du kennen solltest, wenn du in der Homoszene unterwegs bist …

Angesagte Szenekneipen …

Cette boîte est (lesbienne et gay) friendly.
Das ist eine mixed Bar.

… und Szenegänger

C'est une crevette. ♂
Der Boy ist 'ne echte Sahneschnitte.
(Wörtl.: Das ist eine Garnele.)

C'est un bar pour bears / ours / nounours. ♂
Das ist eine Bar für schwule Bären.
Schwule Bären sind dickere, behaarte Gays, die nicht dem schwulen Schönheitsideal entsprechen (das ist wohl eher der Typ „crevette"). Aber auch die finden ihre Partner …

Il a viré sa cuti.
Er hat das Ufer gewechselt.
Dieser Ausdruck kommt eigentlich von „cuti-réaction à la tuberculine", was „Tuberkulin-Hauttest" bedeutet, aber hier heißt es, dass jemand sich komplett verändert hat, vor allem in Bezug auf seine sexuelle Orientierung.

Il n'est pas …	Er ist nicht …
hétérosexuel.	heterosexuell.
hétéro.	hetero.
straight.	hetero.

Les parents de Fabien sont homophobes.
Fabiens Eltern mögen keine Schwulen./Fabiens Eltern sind homophob.

Was sagt noch gleich der Sänger Renaud in seinem Lied „Petit pédé" (Wörtl.: „Kleiner Schwuler")? „Il fait pas bon être pédé quand on est entouré d'enculés." (Wörtl.: Es ist nicht gut, schwul zu sein, wenn man von Arschfickern/Arschlöchern umgeben ist.). Das spielt mit der Bedeutung von „enculé", was sowohl eine Bezeichnung für Schwule als auch ein Schimpfwort ist.

Für Insider In Frankreich ist die Heirat zwischen Homosexuellen immer noch gesetzlich verboten. Als trotzdem einmal ein Bürgermeister versucht hat, zwei Männer zu trauen, hatte dies Schlagzeilen und zahlreiche Demos für und wider die Homo-Ehe zur Folge. Die Themen Homo-Ehe und das Recht auf Kinder bzw. Adoption für Homo-Paare werden in Frankreich heiß diskutiert. Inzwischen können Schwule einen so genannten PACS abschließen (auf Französisch sagt man dafür „pacser"). PACS steht für „Pacte civil de solidarité" und regelt als eingetragene Lebenspartnerschaft zwischen zwei Personen gleichen (oder auch verschiedenen) Geschlechts den rechtlichen Rahmen der Beziehung.

Tous nos amis sont homophiles.
Unsere ganzen Freunde sind pro-Homos/homophil.

Il fait partie de la communauté gay.
Er gehört zur Gay-Community.
Dieser Ausdruck klingt im Französischen ein bisschen formell, denn auch Soziologen benutzen ihn. Er ist aber trotzdem üblich.

5 Beziehungskisten

- *Wie du deinen Freunden sagst, was geht*
- *Top oder Flop – Sprüche zum Schwärmen und Lästern*

Ihr habt nur Spaß? 5

Wenn du nichts Ernstes mit ihm oder ihr vorhast, dann sag's so:

Ce mec me branche.
Der Kerl turnt mich an. (Wörtl.: Der Kerl steckt mich ein.)

Cette fille, je la kiffe.
Das Girl macht mich an.

C'était juste un amour de vacances.
Es war nur ein Urlaubsflirt.

C'est platonique entre nous.
Es ist rein platonisch zwischen uns.

C'est purement sexuel entre nous.
Das ist rein sexuell zwischen uns.
Spielt mit dem Spruch „das ist rein platonisch zwischen uns", mit dem man andere immer ganz gern überzeugen will, dass nichts läuft.

5 Es wird romantisch?

Schmetterlinge im Bauch? So erzählst du davon, wenn's ernster wird ...

J'ai flirté avec lui.
Ich hab mit ihm geflirtet.

Je suis sorti avec elle.
Ich bin mit ihr gegangen.

On sort ensemble.
Wir sind zusammen.

Nous sommes fiancés.
Wir sind verlobt.

Je lui ai roulé un patin. / Je lui ai roulé une pelle.
Wir haben rumgeknutscht. (Wörtl.: Ich hab ihm/ihr einen Rollschuh gerollt.)
Der so genannte French-Kiss.

Und schließlich ... Sex!

Wenn es zwischen euch so richtig heiß her geht ...

On s'est mis à poil.
Wir haben uns ausgezogen.

On a pris notre pied.
Wir hatten einen Orgasmus. (Wir haben unseren Fuß genommen.)

C'est une cochonne. ♀
Die ist echt pervers.

C'est une chaude ♀ **!/chaudasse** ♀ **!/auch.** ♀ **!**
Die ist echt 'ne heiße Nummer im Bett. (Wörtl.: Das ist eine Heiße.)
„Auch" ist Verlan für „chaude". Wenn man noch „asse" an das Adjektiv hängt (nur bei Frauen!), klingt es noch vulgärer: z. B. „chaude" → „chaudasse", „bon" → „bonnasse" usw.

Pech in der Liebe?

Wenn du gerade 'ne Durststrecke hast …

Elle m'a allumé.
Sie hat mich scharf gemacht.
Du kannst „allumer" zwar für beide Geschlechter sagen, es wird aber normalerweise nur für Frauen verwendet. „Une allumeuse" ist eine Aufreißerin – also definitiv weiblich!

5

J'ai fait la traversée du désert.
Ich hatte eine Durststrecke. (Wörtl.: Ich hab die Wüste durchquert.)
Ist diese Trockenzeit jetzt vorbei?!

J'ai dormi sur la béquille.
Ich hab auf 'nem Ständer geschlafen.
Nur für Männer geeignet!

Je me suis pris(e) un râteau.
Ich hab mir 'nen Korb geholt.
(Wörtl.: Ich hab einen Rechen bekommen.)

Elle m'a mis un vent. / Je me suis pris un vent.
Sie hat mich abblitzen lassen.

Je me suis fait jeter.
Sie/Er hat mich rausgeschmissen.

Il m'a envoyée chier. !
Er hat mich abgeschossen.

Elle m'a posé un lapin.
Sie hat mir einen Korb gegeben.
(Wörtl.: Sie hat mir ein Kaninchen hingestellt.)

Il m'a présenté sa copine.
Er hat mir seine Freundin vorgestellt.
Auch eine Art Abfuhr ...

Er oder sie betrügt oder vernachlässigt dich? So sprichst du mit deinen Freunden darüber:

Elle me colle trop. / Elle me lâche pas les basques.
Sie klammert./Sie geht mir nicht mehr von der Pelle. (Wörtl.: Sie klebt zu sehr./Sie lässt meine Rockzipfel nicht los.)

Il est lourd / relou.
Er ist nervig. (Wörtl.: Er ist schwer.)
„Relou" ist Verlan für „lourd".

J'en ai marre de cette meuf.
Ich hab keinen Bock mehr auf das Mädel.

Il ne me laisse pas sortir avec mes amis.
Er lässt mich nicht mit meinen Freunden ausgehen.

Elle est jalouse de mes amies.
Sie ist auf meine Freundinnen eifersüchtig.

Il rentre toujours tard du boulot.
Er kommt immer superspät von der Arbeit.

Il n'a jamais de temps pour moi.
Er hat nie Zeit für mich.

Je ne la vois presque jamais.
Ich sehe sie fast nie.

5

Elle n'est pas fidèle. / Elle me fait cocu.
Sie ist untreu./Sie hat mich betrogen. (Wörtl.: Sie hat mir Hörner aufgesetzt.)

Il me trompe. / Il est infidèle.
Er betrügt mich./Er ist untreu.

Elle a des amants. ♀
Sie hat Liebhaber.

Il a des maîtresses. ♂
Er hat andere Affären.

Früher sagte man „maîtresse de mon cœur" (Wörtl.: Geliebte meines Herzens), was sehr romantisch war und sich auch auf eine platonische Freundschaft beziehen konnte. Heute benutzt man es nur noch für die Frau, mit der man eine erotische Beziehung hat.

Il mène une double vie.
Er führt ein Doppelleben.

Lass deinen Frust so richtig ab:

Quelle chienne! ♀ !
Was für ein Miststück/Flittchen! (Wörtl.: Was für eine Hündin!)

Und hier ein paar Sprüche, mit denen nur Männer ihrem Ärger Luft machen können:

Elle / Il me casse les couilles.
Die/Der geht mir auf den Sack. (Wörtl.: Sie/Er knackt mir die Hoden.)

Elle / Il me les brise menu. !
Sie/Er geht mir auf die Eier. (Wörtl.: Sie/Er zerbricht sie mir in ganz kleine Teile.)
„Les" bezieht sich hier (ohne Worte) auf „couilles", d. h. die Hoden.

Elle / Il est casse-bonbons. !
Sie/Er geht mir auf die Nüsse.
Auch hier wissen wir natürlich, dass „bonbons" (Wörtl.: Bonbons) die Hoden sind.

6 Schluss machen

- *Tipps für schwere und leichtere Trennungen auf Französisch*
- *Klatsch und Tratsch – was die anderen dazu sagen*

Entliebt?

Wie du es ihm oder ihr auf Französisch beibringst:

Auf die nette Art

Ça va pas être possible.
Das wird nichts mit uns.

C'est fini entre nous.
Es ist aus zwischen uns.

Soyons amis.
Wir können ja Freunde bleiben.

Je romps avec toi.
Ich mach Schluss mit dir.

Il vaut mieux que tu m'oublies.
Es ist besser, wenn du mich vergisst.

Faisons une pause.
Wir sollten eine Pause machen.
Der Spruch für Feiglinge: Jeder weiß, dass damit alles vorbei ist.

Je préfère partir quelque temps pour réfléchir.
Ich möchte eine Auszeit zum Nachdenken haben.
Ja, und nicht mehr wiederkommen, oder?

6

Nous devrions voir d'autres personnes.
Wir sollten andere Leute treffen.

Ce n'est pas sain de rester toujours ensemble.
Es ist nicht gesund, wenn wir immer zusammen sind.

Je me rends compte que je ne t'aime plus.
Mir ist klar geworden, dass ich dich nicht mehr liebe.
Die harte Wahrheit ...

Notre relation ne mène à rien.
Unsere Beziehung hat keine Zukunft.

Mieux vaut ne rien construire ensemble.
Es wäre besser, nichts Gemeinsames aufzubauen.

Ça ne marchera pas entre nous.
Das mit uns wird nicht klappen.

Si on se sépare maintenant, ça nous évitera de souffrir.
Wenn wir uns jetzt trennen, werden wir nicht so leiden.
Lieber früher als später!

Mieux vaut ne garder que des bons souvenirs.
Besser, wir behalten uns nur in guter Erinnerung.

Auf die harte Art

Manchmal gibt es keine andere Möglichkeit …

Je ne t'ai jamais aimé(e).
Ich hab dich nie geliebt.
Hart, aber klar!

Für Insider Besonders problemlos macht man heute per SMS Schluss. Wenn du deinen Freund oder deine Freundin satt hast, kannst du ihm oder ihr einfach ein „texto" schicken …
SMS: **:---)* Je t'm +. C ni**
Französische Entsprechung: **Tu es un menteur. Je ne t'aime plus. C'est fini**.
Deutsche Übersetzung: Du bist ein Lügner. Ich liebe dich nicht mehr. Es ist aus.

---

* Dieses Emoticon – ein Smiley mit einer langen Nase – bedeutet Lügner.

T'es qu'un(e) pauv' nase, je te quitte.
Du bist echt nur'n armer Idiot/'ne arme Idiotin. Ich verlasse dich.

Je ne sais pas comment j'ai pu rester aussi longtemps avec une merde comme toi.
Ich weiß nicht, warum ich so lange mit einem Stück Scheiße wie dir zusammen war.

Je parle pas aux enculé(e)s.
Ich spreche nicht mit Arschfickern/Arschlöchern.

Aus und vorbei

So sprichst du mit den anderen darüber:

Je / J' …	Ich …
ai cassé avec lui.	hab mit ihm Schluss gemacht.
la jette.	schieß sie ab.
la tèj. *Verlan für „jeter".*	schieß sie ab.
le largue.	mach Schluss mit ihm.
le lâche.	mach Schluss mit ihm.
Elle l'a plaqué.	Sie hat ihn sitzen lassen.
Elle l'a lourdé.	Sie hat ihn abgeschossen.

Gebrochenes Herz? Liebeskummer?
So kannst du den Verflossenen oder die Verflossene beschimpfen:

T'es une ordure.	Du bist ein Stück Scheiße. (Wörtl.: Du bist Müll.)
T'es un sale type!	Du Dreckskerl!
Con!	Arsch(loch)!
T'es un …	Du bist …
minable. ♂	ein Arsch.
pauvre type. ♂	ein Loser.
nul. ♂	eine Null.
salaud. ♂ !	ein Mistkerl.
espèce d'enculé. ♂ 💣	ein Arschloch/ Arschficker.
fils de pute. ♂ 💣	ein Hurensohn!/ein Bastard!
T'es une …	Du bist …
pouffiasse. ♀ !	eine Schlampe/ fette Kuh.
salope. ♀ 💣	eine Schlampe.

7 Klatsch und Tratsch

- *Tuscheleien von Traumtyp bis Kotzbrocken*
- *Body und Styling: der perfekte Look*

Du findest ein Girl oder einen Boy attraktiv?
So erzählst du's deinen Freunden …

Elle / Il est …	Er/Sie …
adorable.	ist voll süß.
génial(e).	ist super.
trop beau / belle.	sieht total geil aus.
mignon / mignonne.	ist süß.
canon.	ist scharf.
un bon coup.	ist ein Knaller im Bett/'ne geile Nummer. (Wörtl.: ein guter Schuss)
sexy.	ist sexy.
à tomber. ♂	ist heiß. (Wörtl.: zum Umfallen)
bonne. ♀	ist ein Knaller im Bett. (Wörtl.: gut)
chaude. ♀	ist ein Knaller im Bett. (Wörtl.: heiß)

FACTS Wenn du „trop" davor setzt, klingt es noch cooler: „trop beau", „trop cool", „trop génial" …

7

Si elle vient dans mon lit, je n'irais pas dormir dans la baignoire!
Wenn sie kommt, schubs ich sie nicht von der Bettkante. (Wörtl.: Wenn sie in mein Bett kommt, werde ich nicht in der Badewanne schlafen!)
Heißt natürlich: Man wäre auf jeden Fall bereit, mit ihr zu schlafen ... und zwar gerne!

Ça se remplit. ♀
Zum Poppen ist die gut. (Wörtl.: Das füllt sich voll.)
Dieser Spruch ist echt frauenfeindlich.

Elle est baisable. ♀
Die ist gut zum Vögeln.
... und der hier auch!

Für Insider Was halten die Franzosen eigentlich von deutschen Frauen und Männern? Wie hoch ist euer Flirtfaktor? Was deutsche Frauen angeht, gibt es für Franzosen zwei Stereotypen: zum einen die typische Blonde, groß, schlank und sexy. Zum anderen der Typ „ostdeutsche Schwimmerin", was heißen soll: muskelbepackt und maskulin. Den deutschen Mann schlechthin stellt man sich in Shorts und Sandalen (natürlich mit Socken!) vor. Nicht sehr sexy also. Außerdem hat er noch einen Bierbauch. Deutschland braucht mehr Six-packs!

Il/Elle est potable. !
Mit dem/der könnte man schon was anfangen/ haben. (Wörtl.: Er ist trinkbar.)
D. h. er oder sie ist für 'ne Beziehung tauglich ...

Richtig ablästern

Absolut kein Interesse? So kannst du's deinen Freunden klar machen:

Il ne me plaît pas.
Der gefällt mir nicht.

Je ne suis pas attiré(e) physiquement.
Ich finde ihn/sie körperlich nicht attraktiv.
Da ist wohl nichts zu machen.

Je le trouve moche.
Ich find ihn echt ätzend.

Il craint, ce mec.
Der Typ ist echt superarm.

Il est ridicule.
Er ist lächerlich.

Elle est moche comme un pou.
Die ist hässlich wie die Nacht. (Wörtl.: Die ist hässlich wie eine Laus.)

C'est une tanche.
Er/Sie ist saublöd.

Elle ne se prend pas pour de la merde./ Pour qui elle se prend celle-là?
Für wen hält die sich eigentlich? (Wörtl.: Die hält sich nicht für ein Stück Scheiße.)

C'est ...	Er/Sie ist ein(e) ...
un thon.	Abtörner/Gesichtselfmeter. (Wörtl.: ein Tunfisch)
une patate.	fetter Kerl/fette Kuh. (Wörtl.: eine Kartoffel)
un loser. ♂	Loser.
un(e) raté(e).	Versager.

Engelchen ...

... oder Teufelchen? Ist sie 'ne Brave oder ein Luder? Ist er ein Kavalier oder ein Weiberheld?

C'est ...	Er/Sie ist ...
une crème.	erste Sahne.
une perle.	'n super Typ/'ne Perle.
une pucelle. ♀	'ne Jungfrau.
un type bien. ♂	ein super Kumpel.
une brave fille / un brave gars.	ein anständiges Mädel/ ein guter Kerl.
un bon parti.	eine gute Partie.
le compagnon idéal / la compagne idéale.	der perfekte Freund/ die perfekte Freundin.

Il / elle est adorable.
Er/Sie ist supernett.

C'est ...	Sie ist ...
une salope. ♀	eine Schlampe.
une pute. ♀	eine Nutte.
une traînée. ♀	eine Schlampe. (Wörtl.: eine Spur)
une marie-couche-toi-là. ♀	eine Dorfmatratze. (Wörtl.: eine Marie-leg-dich-dahin)

C'est ...	Er ist ...
un homme peu recommandable. ♂	echt ein undurchsichtiger Typ.
un dragueur. ♂	ein Aufreißer.
un don juan. ♂	ein Frauenheld.

Der perfekte Body

So redest du über den schönen oder nicht ganz so schönen Körper.

Alles über sie ...
Negativ ...

C'est un boudin.
Die ist hässlich. (Wörtl.: Sie ist eine Blutwurst.)
Das klingt vielleicht blöd, aber auf Französisch ist es eine echte Beleidigung!

Elle est plate comme une limande. / C'est un fax. / C'est une planche à repasser.
Sie ist flach wie ein Brett./Sie hat zwei Mückenstiche. (Wörtl.: Sie ist flach wie eine Scholle./Sie ist ein Fax.)
Autsch!

Elle a une culotte de cheval.
Sie hat Reiterhosen.

C'est une grande perche.
Sie ist eine Latte/Bohnenstange. (Wörtl.: Sie ist eine Stange.)
Das ist garantiert nicht positiv gemeint.

Emilie n'a pas de taille.
Emilie hat keine Taille.

Positiv …

Elle est bien roulée.
Sie hat schöne Kurven./Sie ist gut proportioniert. (Wörtl.: Sie ist gut gerollt.)

Il y a du monde au balcon.
Die hat viel Holz vor der Hütte. (Wörtl.: Auf dem Balkon sind viele Leute.)
Sag's in Frankreich, wenn das Dekolletee eines Girls zu sehen ist.

C'est un beau brin de fille.
Das Mädel hat eine super Figur. (Wörtl.: Das ist ein schöner Halm, dieses Mädchen.)

Elle a un corps de rêve.
Sie hat einen traumhaften Body.

Elle a des jambes interminables.
Sie hat Beine bis zum Hals. (Wörtl.: Sie hat endlose Beine.)

Elle a une belle poitrine.
Sie hat schöne Brüste.

Elle a la taille fine.
Sie hat eine schmale Taille.

Elle a de belles formes.
Sie hat schöne Kurven.

C'est une bombe ! / C'est une bebom !
Die ist echt 'ne Bombe!
„Bebom" ist Verlan für „bombe".

Alles über ihn oder sie …
Negativ …

Elle est moulée / boudinée dans son pantalon.
Ihre Hose ist ihr zu eng.

Il flotte dans son pantalon. / Il ne remplit pas son pantalon.
Der hat keinen Arsch in der Hose.

Elle a un gros cul.
Sie hat einen fetten Arsch.

Elle a des bourrelets.
Sie hat Rettungsringe. (Wörtl.: Sie hat Fettpolster.)

Positiv ...

C'est un beau morceau.
Die ist 'ne Schnitte/ein Sahnetörtchen./
Der ist ein Süßer.
Lecker, oder?!

Il est bien fichu.
Er ist gut gebaut.

Quel canon!
Der/Die sieht echt super aus!
Dazu reißt man normalerweise den Mund weit auf ...

Il a un joli popotin.
Der hat 'nen knackigen Hintern.

Elle est svelte/mince.
Sie ist schlank.

Alles über ihn ... und zwar negativ

Quel gros lard!
Voll der fette Kerl! (Wörtl.: Was für ein dickes Stück Speck!)

Il est maigre comme un clou.
Er ist total dürr. (Wörtl.: Er ist dürr wie ein Nagel.)
Manche finden das vielleicht anziehend ...

... und positiv

Quel beau gosse !
Der sieht super aus! (Wörtl.: Was für ein schönes Kind!)

Il est bien foutu.
Der ist gut gebaut.

Il est baraqué.
Der hat echt Muskeln! (Wörtl.: Er ist wie ein Haus gebaut.)

Il a la tablette de chocolat.
Der hat 'nen Waschbrettbauch. (Wörtl.: Er hat eine Schokoladentafel.)

Il est carrément sexy.
Der ist total sexy.

Il a de la gueule.
Der sieht gut aus.

Il est beau comme un dieu.
Er sieht umwerfend aus. (Wörtl.: Er ist schön wie ein Gott.)

Il a une gueule d'ange.
Er sieht super aus. (Wörtl.: Er hat eine engelsgleiche Fresse.)

Unzensiert

Wenn du besonders das gut findest, was er in der Hose hat, dann sag's so:

Il est sévèrement burné.
Der ist echt gut ausgestattet.

Il est bien membré. !
Der hat echt ein Riesengerät.

Il est monté comme un taureau. !
Der ist unten gut ausgestattet. (Wörtl.: Der ist gebaut wie ein Stier.)

7 Das richtige Outfit

Kleider machen Leute! Gib deinen Senf zu den Klamotten deiner Freunde.

Echt stylische Klamotten? Komplimente kommen immer gut an:

Cette robe met bien en valeur sa silhouette/ sa poitrine.
Das Kleid hebt schön ihre Figur/ihren Busen hervor.

Son style est vraiment in.
Sein/Ihr Outfit ist echt total in.

Trọp top, son look!
Sein/Ihr Outfit ist echt stylisch.

Ça lui va trop bien, cette veste.
Die Jacke steht ihm/ihr total gut.

Il est sexy dans son pantalon moulant!
Er ist echt sexy in seiner engen Jeans.

J'adore ses pompes/grolles.
Ich liebe seine Schuhe.

Cool, son top ! ♀
Ihr Oberteil ist total cool!
Auch in Frankreich benutzt man viele englische Wörter, um noch cooler zu sein (z. B.: „in", „top", „cool", „look" etc).

J'aime ses talons aiguilles.
Ich mag ihre Pfennigabsätze.

C'est sexy les pulls à col roulé.
Rollkragenpullis sind echt sexy.

Son imper lui donne un air mystérieux.
In seiner/ihrer Regenjacke sieht er/sie total mysteriös aus.

Absolut daneben und geschmacklos? Dann sag es lieber, sonst macht sich dein Freund/deine Freundin noch lächerlich!

On dirait des robes de femme enceinte. ♀
Die sehen wie Umstandskleider aus.
Nicht sehr charmant ... Umstandskleider sind ja oft ziemlich weit und formlos.

Il / elle a un style complètement ringard.
Sein/Ihr Style ist echt von gestern.

7

Elle s'habille comme ma grand-mère. ♀
Die zieht sich wie meine Oma an.

Ses vêtements, ça fait sac à patates. ♀
In den Kleidern sieht die aus wie ein Kartoffelsack.

Der gute alte Jutesack hebt ja nun wirklich nicht die Formen hervor. Elegant ist er also nicht ... Wenn du das jemandem auf Französisch sagst, bedeutet es außerdem, dass dieser eine „patate" ist (das ist der umgangssprachliche Ausdruck für „pomme de terre", Kartoffel). Wir würden dazu vielleicht „Dummkopf" sagen. In doppelter Hinsicht also kein Kompliment!